poemas famintos

Valmor Bordin

Poemas famintos

Porto Alegre
2011

Seleção de textos
Rita Maynart Bordin

Preparação e revisão
Rodrigo Rosp

Capa
Humberto Nunes

Foto da capa
Foto de Produto

Dados Internacionais de Catalogação na Publicação (CIP)

B729p Bordin, Valmor
Poemas famintos / Valmor Bordin. – Porto Alegre : Dublinense, 2011.
96 p. ; 22 cm.

ISBN: 978-85-62757-28-0

1. Literatura Brasileira. 2. Poesia Brasileira. I. Título.

CDD 869.917

Catalogação na fonte: Ginamara Lima Jacques Pinto (CRB 10/1204)

Av. Taquara, 98/504
Petrópolis – Porto Alegre – RS

contato@dublinense.com.br

dublinense

À Rita, com amor.
E ao Roberto, que, ao me fazer pai,
fez-me descobrir como filho!

Ao Gildo Katz, com quem aprendi
que se deve umedecer os dedos antes
de folhear a próxima página de um livro.

Saudade é um pouco como fome.
Só passa quando se come a presença.
Clarice Lispector

Apresentação

O surpreendente surgimento desse gaúcho interiorano tem, entre outros méritos, o de repropor uma questão: a da autenticidade do poeta.

Poderá existir poesia que não nasça de uma emoção profundamente vivida, ou – pelo menos – de uma emoção profundamente imaginada, o que é uma forma incomum, mas real, de se vivenciarem emoções?

É possível que o Romantismo tenha usado e abusado de tal exigência. Devemos, contudo, admitir que muitas escolas poéticas surgidas posteriormente concentraram-se, excessivamente, nos assim ditos "aspectos técnicos da poesia".

É oportuno restabelecer o tripé tradicional sobre o qual, em nossa opinião, se apoia qualquer vocação poética autêntica.

Primeiramente, o poeta deve possuir uma personalidade ou, antes, uma pessoalidade própria. Ele é um vivente entre outros viventes – para empregarmos uma expressão cara a Graciliano Ramos.

Em segundo lugar, o poeta deve ser um indivíduo dotado de uma sensibilidade singular, capaz de experimentar sentimentos e emoções fundamentais do ser humano. Em terceiro lugar, o poeta deve possuir talento expressivo. Deve ser um indivíduo preocupado em acionar as reservas subliminais de sua língua.

Em nossa opinião, a união desses três elementos salva a poesia (e salva o poeta) em quaisquer circunstâncias, mesmo quando o desinteresse das pessoas os obriga ao exílio do seio da sociedade.

É o caso de Valmor Bordin.

Encontramos nele, antes de tudo, um homem, um filho de agricultores, que se alfabetizou na precariedade de seu meio, absorvendo dele a rusticidade e o frescor de coisas apanhadas e sentidas nas palmas das mãos. Com muito esforço e luta, Bordin conseguiu tornar-se médico, e médico competente.

Existe nele um temperamento sensibilíssimo, cujas antenas captam as mais imperceptíveis nuances da palpitação do mundo, não só o mundo de sua infância, mas também o mundo da complexa rede econômica e social em que vivemos.

Bordin é um estudioso da expressão, um apaixonado por engenharia poética.

A primeira qualidade que destacamos nos poemas de Bordin é o seu aspecto existencial, a presença neles de um homem concreto, de uma criatura de carne e osso. Bordin sabe que sua missão é dupla: ser médico (como o foi também Jorge de Lima) e ser um cidadão comprometido com a problemática de sua época.

Bordin é um poeta que sente. Sinto prazer em aplicar-lhe a frase lapidar do autor de *Memórias de um sargento de milícias*, Manuel Antônio de Almeida (que, no caso, se referia a Junqueira Freire): "O coração, quando fala, fala sempre bem, e o poeta, cujos versos tenho diante dos olhos, é um poeta que sente o que diz".

Existe, nos poemas de Bordin, um sopro novo de vida, uma pulsação terruña, uma cintilante exuberância, especialmente nos seus poemas sobre os vinhedos e o vinho.

Como isso faz bem!

Estamos um tanto saturados de virtualismos, de sensações mascaradas (ou sofisticadas) nascidas prematuramente de teclados informáticos. Ressalve-se: os teclados informáticos são necessários e utilíssimos! O problema é outro. Sirvo-me de uma expressão do filósofo Henri Bergson: o que precisamos é de um "suplemento de alma".

Bordin não tem medo de ser quem é: um indivíduo marcado por situações específicas. Não tem medo de sentir o que sente, nem de sentir mais do que o comum dos mortais.

Por fim – e isso é fundamental –, Bordin possui talento. É uma vocação inegável de poeta. Arrisco-me a dizer mesmo: uma vocação de poeta extraordinário.

Não sei até onde irá.

Não sei se logrará desenvolver, até ao limite de suas possibilidades, o seu talento. Isso vai depender do tempo que lhe concederem as funções profissionais e dos estímulos que receber de colegas e leitores. Nossa sociedade, apressada e consumista, presta pouca atenção aos requintes da opulência da própria língua. Vale a pena lembrar a frase emocionante de Fernando Pessoa: "Minha pátria é a língua portuguesa"!

Na condição de irmão mais velho no ofício, faço votos pelo sucesso de Bordin. Digo até com humor: não importa que Bordin ainda esteja "em busca do tempo perdido" – à maneira de Proust! Chegará a hora em que ele buscará o tempo futuro!

Armindo Trevisan

Avental de mãe

À minha mãe, Pina

No porão vazio
um avental pendurado
batido e rebatido
cheirando a fumaça de fogão a lenha.

Sovado
sugado
até a gota.

Lembrança
doída
remoída.

Mãe!
Nunca esquecida.

Balada dos pés tristes

Ao meu pai, Adi

I – Inferno

Tolhido de sonhos, o descascado pé
pisava as bagas de um céu escuro
imigrante passo
marchava no tacho de uva e fé.

Passo cortando noites
pisando a púrpura uva
sangue topázio espremendo gemas
e lanternas guiadas pela lâmina do açoite.

De onde veio só havia lavradores e mulas
ruminando verde feno do estábulo
pisando vermelho grão dos anos
migalha de lágrima, moinho – pena dura
tosse, doente perdido
condenado pássaro de outono
pé – semente, somente pão alheio
em minha garganta
retumbando uma toada domingueira.

Esperança chairando o seio da mãe febril
cotovelo dobrado sobre a toalha em flor
avental manchado em vermelho
acendendo olhares embrutecidos
força da cor labor.

Em cada pisada, uma cegonha nutria a ninhada
singular lembrança de se reinventar
folhas de outono procurando mãos
escravas engolindo melancolia.

II – Purgatório

Cristalino rio rolando peito adentro de criança
dos pés que lembro tudo é memória e cinza
em mão de menino – pai.

Espalhei boa colheita e deslembrança!

Pé que trabalhou no verão em chuva
enchendo pipas de invernos
para o cerimonial do negócio rico
moldado na pedra deste nome ao signo – uva.

Dionísio, quão estrangeiro foi teu pé!
Quando começou a morrer teu broto?
Recordas teu dever de regar o fruto – cálice?
Por que te fechaste em números?

– Resto de sonho! Silencioso pássaro murchando.
Sou primeiro. Por ti desço ao cego mundo.
Tu serás segundo!

Peço confiança em ti, vinho
remédio que afaga um coração doente
dá o acalmar da tristeza
desfaz o punho da mágoa, o rancor mesquinho.

Pulsa em minhas veias, ainda
em minhas tantas feridas.
Oh! Bálsamo de água fresca
indulto à prisão da língua.

Sempre filho, doce tumba
silenciosa adega de mágoas
óleo lubrificando o tendão do boi
puxando cestos no céu desta dor tão funda.

Atrasados na trava da pressa
comemos em pratos igual ovelha
na humildade a nós imposta
fomos cadáveres subtraindo a taça.

Vem perto! Deixa que eu diga – a lei é feita.
Em minha lembrança, tudo é cova tua
da janela de um quarto acordando
vejo milhões de cepas desfeitas.

Crescido como sabendo o que é a razão
lúcido como se soubesse o que é morrer.
Filho! Foste mais filho que todos os filhos.
Sou apenas um senão! Pequeno grão.

– Acordo! És opaco. Levanto, és alheio. Saio de
casa, tu és erva daninha secando a videira!

Fogo mitigando espanto
canto o que para outro pai não cantei
menino ainda pudesse, eu, beber teu vinho
com mesmo desejo de beber meu pranto.

III – Paraíso

Ouça a voz chorando sob a cortiça da garrafa
tenho em mim um não sei quê de dó
em mim tua cólera despeja
tinta da amargura que abafa.

Consagro junto a ti
meu desprezo pelas lágrimas – escuta!

Inventei outonos de ouro
vinhos rubros a fluir
pelo árduo caminho do vinhedo
dei a ti meus cântaros e anos louros.

Vem até a janela e ouve o início da criação
pés – tesoura e doce aroma
não invejes meus andrajos, minhas chagas
sou lagarto que cortaram o rabo
ando sem direção.

Ninguém te vê
eu te vejo
nem sabe quem és
eu sei.

Vinho cor rubi, que faz dormir – não queiras
tirar a máscara já grudada em tua cara. Envelhecido
estás, vês teu beiço emudecer?

Serve-me nessa taça errante
liberto animal perverso.

Eu me perdi! Segue o aroma do vinho
e terás caminho próprio – flamejante
mata o jejum de sangue em tua taça
a alma do meu pé canta na garrafa.

Eu te compus! Segue viagem
incendiado em suor cáustico igual cachaça.

Na cela em que me abafo, prova o gosto de sal
vidro lacrado em cortiça
pé fogo fiapo
sei quanto custou meu parreiral.

Bebe-me, suplico!
Feliz a garganta que umedeço
boca que lavo
lábio que purifico.

Sou vida onde nunca choveu
pérola em grão de uva
terra escavada até a morte.
Pisaram o corpo meu!
Deixa inventar-te em mim.
Morto! Não poderás me conhecer.
Seremos terra queimada
produzindo vinha sem fim.

Sou Dionísio! Concedo-me inteiro.
Tu sou eu, tambor obstinado
sustenta teu olho em mim, somos iguais
feitos pela mão de José – o carpinteiro!

Canção dos vinhedos

I – Vinha

Só tu fermentas no soluço do dia
o tacho de grãos pisados
com pés úmidos e domésticos
feitos em barro talhado.

E à noite adolescente
no último degrau da escada
tu és videira em flor
morta raiz, vida enovelada.

O galho rente ao teu rosto desfolha teu olho?
Dói teu osso disperso no estreito rio?

Em terra pedregosa e minguada
no vinhedo que o vento balança
terás a manhã lavrada.

II – Vindima

Vê a casca da tua face
barba por fazer
e rosto vincado em suor seco.

Na cama (não fosse minha cama)
tetas enrugadas
dentes cariados
prejuízos abraçados.

Nesta comunhão partilhamos a sorte
tu deste cor ao vinho
somos todos grãos pisados
trabalho, conta-gotas mesquinho.

Baco, a ti suplico!
Conserta o pé de um pai
que não pisou a vinha certa.

Vê!
Tua voz de criança ressoa fremindo pela videira
sem alarde ressoa enquanto o galho quebra.

Quimera!
Tua mão já não poda
tua boca não soletra
teu corpo volta à terra.

III – Vinho

Sexta-feira santa
o sino da igreja sepulta o dia de vindima.

Carne ensanguentada
vida em gota no cálice
corpo gotejante pisado
vinho santo santo santo!

Fim do copo

Tomado
gole a gole
até o fim do copo.

Levado
aos anjos e demônios.

Aqui estou!
Vazio.

Dolores

Escorre convulsiva noite
parafinando meu sono
dorme em meu sonho.

Repousa em minha boca
beijo louco
pequeno sopro de amor.

Grita em mim
agonia do entardecer
girassol de Van Gogh.

Se não és a morte
deixa-te nascer.
Se não és pesadelo
visita meu sonho.

Não temas, Dolores.
Nasce meu poema.

Encontro

Parto todos os dias
ao nascer do dia
meu rosto enrugado
sonha! Só – trabalho.

Minha televisão fala sozinha
como um pai idoso.

A vida?
Que fiz dela?

Eis que chega a morte e diz:
– Anda, meu filho, vem dormir!

Humano

Do amor à dor
fome medida em gramas
bicho vivo e torto
passo a mão nos olhos.

Renego o que não é agora
o que não é terra ou sal
só levo em mim
o essencial.

Poema nascendo

Gota de cera moldada em sangue
arco-íris espelhado sobre um rio
repleto de salgueiros.

Uma garganta cansada
soluça, treme e para
à margem esvaziando.

Enfim – há espaço para um tema
estamos sós – eu e o poema!

Mão de moinho

Mão que bate o formão
tecendo a pedra
afiando a lâmina flamejante.

Entalha e crava lâmina
molha o ferro em água fria
volta e revolta
funde fogo à pedra.

Mão que leva o grão à pedra
pedra vai moendo
remoendo.

Das entranhas do grão esmagado
nasce farinha
pó soprado alimento.

Mão!

Farinha que aponta
lápis de filho
pincel em mão de criança
risca e rabisca.

Alinhava e traça
rascunha, rasura e apaga
– a fome!

Solidão

Pequena casa insólita e real
cheia de vidraças quebradas
e almas remendadas.

Em tuas janelas gritam bocas secas:
– Olá, solidão!

Solidão vem!
Tempestade verde pálida
vento frio açoitando lombos.

No meio da noite
penetrando ausências
em minha costela dolorida.

Juro! Não mover músculo algum
até que os papéis das gavetas
rebocadas de escuridão
confessem seus segredos
palavra por palavra.

Parábola partida

Boa noite, escuridão.
Olá, vazio.
Sinto alguém morrer.

Ninguém renascer
nesta lâmpada que tange
a rua desperta.

Uma semente de oração
abraça o medo adormecido
em minha mão.

Mão tão cansada
em plantar sementes
de oração.

Poesia perdida

Suspira docemente
então eu falarei
até você sorrir.

Deixemos de lado
questões graves
sobre economia.

Não dês as costas
ao que anseio
por toda a vida.

Peça e tocarei
a harpa do amor
guardada dentro de mim.

Acolhedor de sonhos

Vida despedaçada
buscando moedinhas cheias
de promessas e mentiras.

Colhedor de sonhos
que deixou sua casa
menino – só.

Companheiro de estranhos
na quietude do banco da praça
dormia medos.

Escondido no frio do albergue
aonde vão meninos esfarrapados
sonhava insônias solitárias.

Menino que à noite
sobre a cama – de joelhos
rezava antes de dormir.

Sonhando o dia seguinte
sonho igual todas as noites
rezando de mãos juntinhas.

Sangra o inverno – menino
desejo de partida
de volta para a casa
que não existe mais.

Naquele curral, o espantamento

Naquela casa escura
o prato capinava
magro de pasto.

O lume do lampião refletia
na toalha de mesa bordada em
prato de barro inerte e pálido.

Sacudia miragem de pão
querendo habitar bocas
reinventar reinos.

Doía de dor o lampião queimando
boi feito de pasto
na contramão do medo.

Naquela mesa cavalgava cavalo fantasma
despedaçando lua espantada
faminta de menino.

Fruto

Colho um fruto sem vermes
sofrer maduro.

Fruto atormentado
um sistema de erros
amanhecendo manhãs.

Atrás de minha sombra
imensa e dilatada
há um menino retido

Sumo de fruto espremido
retornando ao suco
sangue talvez.

Coágulo que o tempo leva
fruto indeciso
chama de fogo extinto.

Tempo injusto
onde está teu jardim
tua flor?

Tua sagrada dor
convertida
em grão de angústia.

Ofereço um cravo
com a mão esquerda
mas a direita acaricia
vozes e passos.

Ladrilha minha mão
arrastando despojos
peito adentro.

Toca-me amor crepuscular
despeja tua dor
tem só paciência!

Andor

Ando pela rua
sufocado em marasmo.

Encontro
um pomar
uma brisa.

Nada mais!

Cápsula de dormir

Pesadelos.

(...)

Nada mais que pesadelos
visitam meu sonho.

Vidro de compota

Olho falsamente cego
desejo que viceja nesta
tímida alma partida.

Olho delator
oleoso e artificial
desejo vestido em fruta madura.

Flutua neste doce
habita neste vidro invisível
olho que conforta.

Dança noturna

Tenho medo do animal escuro
dormindo dentro de mim
neste peito tudo vive
escondendo coisas.

Céu manchado de azul
tempestade que vai
e retorna e vai.

Atrás do sorriso triste
esperança de menino
transformado em fumaça.

Uma nuvem cansada de lutar
corre ainda mais
no céu manchado de azul.

Medo!
É armadilha mortal
funciona algum tempo
nada mais.

Extinto

Na partida levei tudo
um boi amarrado ao pé
até um grilhão levei.

Pesava o grilhão
saudade pesava mais.

Passarinho alçando voo
agarrado em semente de vassoura
ruflando asas.

Parede do quarto refletia pesadelos
companheira presente
dizendo adeus.

Tudo era sono naquela casa
afastava o pé que esvaziava
deixando grilhão escravo.

Hoje desfaço esta asa morta
pousada em meu lombo
cantando saudades.

Como passa a juventude

Quando jovem – o gosto pela vida
é doce chuva brincando
fazendo jogo! Brisa brincando
chama de vela queimando.

Sonho sonhando
segredos vestidos de areia
mutante vivendo noites
lua no dia escondida.

Os anos passam, quando jovem
músicas sedentas pedem cantares
olhos reclusos abrem rápidos.

Amigo reaparece!
Música não canta mais.

Ontem expira
a chama se esvanece
ontem vai embora.

Ah! Gosto de infância
só tu não vais embora.

Primeiro beijo

Rubor nas orelhas
lábio inaugurando
em comovida vertigem
olhos fechados.

Torresminho macio
escuro por fora
ouro por dentro
quase sopro do vento.

Crepita beijo tridente.
Oh! Puríssimo torresmo
feito das orelhas
do meu anjinho da guarda.

Crepita beijo salgado
pousando no céu da boca
boca nunca beijada.

Oração da Ave-Maria

Colégio em pés descalços
camiseta puída
no peito uma tímida palavra:
– Eu te amo!

Lembro dos amigos
onde estão vocês?
Rindo do quê?

Com o tempo não se brinca
volto a qualquer momento.

– O que aconteceu?

Pouco a pouco nos perdemos
povoadozinho
não consigo mais prender-te.

Nem em minha mão partida
consigo reter teu adeus.

O assento do ônibus
lambuzado de grama.

O relógio da igrejinha ainda bate
em meu peito.

Seis horas da tarde
oração da Ave-Maria!

Poema da dor em gestação

Menino – lágrima que escorre humilhada
não tens para onde ir?
Ninguém importa se andas pela noite?

Cuida dessa alma, ela é teu pertence.
Não bebeste o leite materno?
Bebe teu choro!

Ele escorre de uma ferida
que não tens condição de curar
pede bênção ao vitral da igreja.

Cuida a calçada, menino!
Ela é tua casa, abençoado jardim.

Olha através da neblina, outro
menino recolhe o centavo
da mão transeunte.

– Não percebes que o menino Jesus é cego!

Cão ancião

Anda cão seguindo o luar
ancião noturno pulsando carícias
talvez!

Ferino silêncio sufocado
como o plantador de trigo
de coração algemado.

Pesados sorrisos coagulados
vestem botas em pés ausentes.

Pensa o cão ancião com
boca de caninos pontiagudos:

– Como vou carregar o peso desta alma?

Horta

Na porta da horta
um passo roçava a escada
reluzindo em terra rangendo
calando a madeira torta.

Havia um rosto
escravo de beijos
uma carícia lânguida
acarinhando ervilhas doentes.

Ah! Horta – abre a porta!

Passarinho humano

Vai embora, passarinho
com teus olhos de sol morrente
desculpa a culpa
um pouco minha.

Segurar-te aqui?

Abro tua gaiola
que enxuga a vida.

Também queres voar?

Teu fôlego é ferido?
Arrisca!
Faz tua asa cortar ventos
para ser livre vale o risco.

Osso na areia

Alvejado pela luz do sol
um osso esguio
esconde resquícios de sangue
uma veia secando.

Move-te osso
um cão astuto quer fazer ceia.

O que há em ti, osso?
O que o cão deseja?

Cálcio? Sangue?

Na água rasa da areia anônima
ao mar onde ninguém escuta
um osso pode chorar.

Luz neon

Ouso perturbar este silêncio
câncer, crescendo
em palavras deformadas
ensinando lábios.

Estendo gotas de prata
ecoando em poças d'água.

Pessoas conversam sem falar
ouvem sem escutar
deixam sementes de lua
lua suave mente.

Uma estreita rua de paralelepípedos
guiada pela lamparina – lua
racha meu ouvido em sons de violinos.

Depois, soturno, levanto meu colarinho
endurecido de frio apunhalado
pelos raios de luz neon
ando seguindo a luz.

Igrejinha de pedra

Igrejinha que toca o céu
por que não abres a porta
para ouvir minha reza?

Só esta noite quero entrar
o amanhã não sei:
– estarei aqui?

Igrejinha, só tu sabes
que o relógio não para
nunca dentro de nós!

Semente desperdiçada

Rocha que atravessei
pisando branca geada
grão crescendo no campo
esperança feita de arado.

Um dia! Velha fábrica de sonhos
tu me partiste ao meio
eu segui procurando mundos.

Sonhando sonhos
pisando mil estradas
cinzas de fumaça
num dia só
milhares de sementes vivi.

No entanto alguma coisa feriu
minha escola
teu giz
tingiu minha estrada.

Receita de pão

Água, farinha
sal e fermento
uma colher de solidão.

Esmurra a massa!

Soca o pão
sovando sol da manhã
louco é o eco do soco.

Soca o pão
soca mão
por que tanto soco?

Café da manhã com Deus

Deus! Sou um homem simples
de prazer humano
mergulhado num sal desumano.

Tenho meu pomar
tangerinas e cerejas
frutos de todo o ano
um riozinho azul que dá peixe.

Não sou homem de martírios
tenho a franqueza dos cravos
não gosto da coroa de espinhos.

Peço um mundo
onde o desejo não seja pecado mortal
e o beijo não precise ser triste.

Lua lilás

Olhava a lua pendurada
na janela lilás do porão
no quarto servindo de abrigo.

Ouvia lamentos e risos
e a lua pousava como nua mulher
boêmia atriz infeliz.

Eu e a lua comíamos um pouquinho
do armazém vizinho
buscando pão
solidão e vinho.

Recitava histórias de família
uma refeição quente
esquentando invernos.

Era bonita a lua na janela
refletindo na cabeceira da cama
como xícara de café quente.

Noite ausente em claro tocando sonhos
desenhando a linha de um seio
uma boca ávida.

Quando a noite esgotava
eu amava tanto a vida
dezoito anos – vivendo de sonhos.

Hoje por acaso encontro meu antigo endereço
não reconheço mais as paredes limosas em que vivi.

Do alto da escada procuro
em vão o pé de erva-cidreira
chá que me serviu alimento
nada mais resta
nada mais.

Homem de pedra

Afogado em números
um homem de pedra dorme.

O inverno viceja
em seu ouvido frio.

– Há espaço em ti
para um poema?

Oração da noite

Capelinha de pedras
tocando o céu
por que não abres as portas
para ouvir minha prece?

Queria a ti pertinho de mim
é que o amanhã
eu não conheço.

Que dor no coração
saber que as horas
não param.

No entanto
teu sino toca
e toca em mim.

Acorrentado

Acorrentei meu pé
hoje não vou trabalhar.

Fui serviçal.
Por quê?
Por quem?

Hoje não vou à fábrica
feito operário dizendo:
– Sim, senhor!

Esta manhã meus pulmões
querem oxigênio
árvores verdes
e folhas de outono.

Não quero entrar na fila
do arroz e feijão
vestir o macacão
com o leiaute da fábrica.

Não vou bater ponto
quero sol, árvores
campo, liberdade.

Refeitório
bandeja de solidão
submissão:
– Adeus!

Povoado

Campo de bezerros mortos
em noite anoitecida
onde uma estrela de aço confusa
risca de prata o céu azul.

Lua feita bandeira de vento.
Ah! Povoado habitado de sonhos
como um menino estendido no berço
mamando no peito estranho.

Ah! Coração de lata
cheirando a querosene
terra e poeira escura.

Povoado tão esquecido
aqui nos encontramos
tu e eu!

Sofreres

É estranho o sofrer que abrigo
que o acaso me deu
são tantos sofreres comigo
que não sei qual sou eu.

Não compreendo! Não consigo
ter um sofrer só meu
para meu grande castigo
meu sofrer não é o meu.

Talvez! Padeço outro mundo
inocente distraído
ferida alma iludida
lutando dentro de mim.

Pequeno quarto de dormir

Eu te saúdo
pequeno quarto de dormir
onde aprendi a brincar com os mortos.

Ali foi revelado um segredo
a abertura de um alçapão solitário
por onde fui levado a partir.

Maçã envenenada

Ávida menina lavando a maçã na água da pedra
mordendo um fruto revolto
grávida de fome – ainda não sabe amar.

Há um rio amargo correndo em teu ventre
andando em curvas, sangrando feridas
amargas do beijo posto em tua boca.

Longo é o rio imerso em ondas caudalosas de angústia
chorando a lágrima caindo sobre o pecado imposto.
Quem pecou? Este sofrer ninguém sabe.

Ninguém sabe o que é chorar lágrima de gelo
noite sem lua, não saber qualquer instante
em noite que ataca o corpo quando o rio avança.

Menina que dança abraçada ao ventre
canta! Não tenho idade
para amar, não tenho idade.

Na margem do rio, menina dança abraçada ao ventre
um cantar de palavras apartadas e confusas
no pôr do sol lilás do rio que a porta fecha
infelicidade abre entre violetas reclusas.

Ametistas perguntam respostas
o sangue vermelho escorre no linho branco
menina ilusão decantada! Verdade não-dita
céu gargalhando, remendando! Fraturando.

Cachos de cabelos dourados reluzindo espantos
como o galho do salgueiro que soluça ao vento
vai e vem, vai e vem! Cada soluço
é lágrima que vento algum secará.

À margem do rio, menina silenciosa
é sombra que vomita
vomita, menina! Vomita pai, mãe
regurgita e vomita
lava-te em vômito – e fiapos de maçãs.

Anda! Vai rio acima contra a corrente
e quando nada mais tiveres no estômago
vomitarás o animal que hospedas em ti.

Agonia

Há espaço para viver
sem correntes?

Cavalgar o destino
num céu divino?

Duas vidas
uma que tortura
outra calentura?

Agonia molemente presa
nadando no deserto desperto
do risonho paraíso de um sonho?

Sonho

Sonhei que tu chegavas
batendo em minha porta
botei meus velhos óculos.

Éramos iguais em coragem faltando
quanto tempo não te abraçava!

Tu disseste:
– Devagar!

Eu disse:
– Sinto muito, não faças barulho
senão acordo.

Era outono de folhas amarelas
estalando sob meus pés
confidenciando palavras.

Eras um falar severo
um abraço
remorso indiferente.

Sonho reencontrando paz
espero a ti noutro sonho!
Implorar é tarde demais.

Heleninha

Quero aquecer
tua mãozinha fria
procurar aquilo
que no escuro não encontro.

Por sorte é noite de lua
e aqui estamos
espera, Heleninha
direi poucas palavras.

Quem sou, o que faço?
Quem sou eu?
Sabe alguém dizer quem é?

O que faço?
Disfarço
e sobrevivo.

Rimando sentimento
sonho e quimera.

Heleninha! Fica
em meu sonho
não desmanches
sonho meu!

Pão em pedaços

Noite! O inocente
teve de companhia
um dia doente.

Faminta de espera
a noite esconde
um mendigar generoso
pedaço de pão
vergonha face risonha.

Bate a mão na porta:
– Licença!
Senhora assustada olha:
– Não tem esmola.

Menino tem fome
quer comer pão
senhora levanta
dá ordem ao cão.

Joga menino ao chão
mata menino assustado
sem comer o pão sovado
fome que não matou.

Sossego

Vozes choram dentro de mim
choro longo
sem fim.

Dia desses pego nelas
angústia dor
cavalo andaluz.

Enterro em cova bem funda
por cima planto uma cruz.

Grito

Na tuba do meu ouvido
um grito acaba de nascer
acidentado grito
carta perdida no mar.

Grito de escorpião afogado
como bicho envenenado
demasiado grito.

Prato quebrado
ano perdido
velha fotografia.

Grito animal
gemendo, contagiado pelo grito
grito mentiroso.

Intrometido
escandaloso
silencioso grito
introvertido.

Grito que em meu ouvido
faz morada
solitário grito.

Onde mora meu ouvido

Acordo! Ao meu lado um travesseiro
acorda, lembro de nada.

Um ladrão entra pela janela
o dia chega
com olheiras lilases.

Alguém chama:
– É hora de acordar
a vida segue.

Minha retina arquiva um gesto
no semáforo verde
no tíquete do ônibus.

Olhos injetados de sangue
galopam calores
que apressam em galopar.

Uma rua descalça
rasgada de amor
tem apetite de beijos.

A vida segue
como tudo segue
sem muito sentido.

Não peço demais
que o demais é dolorido
minha dor é dor que mata
grito doído, perdão pedido.

Eletrocardiograma

Tive sete infartos
não é mentira
o oitavo me rodeia.

Cancelei o cartão de crédito
fiz exame da tireoide
colesterol e triglicerídeos.

Entre sístoles e diástoles
prolapsos da válvula mitral
meu coração se mantém.

Monitorado, cada vez mais fraco
andando com atraso de ritmo
e baixa frequência correndo da isquemia.

Uma agulha procura sangue
do meu braço em descompasso
o sangue sangra.

Tenho veias, amigo!
Sei o que digo
conheço o coração abrigo.

Repito! Escondo um coração
protegido –
tenho marcapasso!

Palhaço

Tomado pelo delírio
o Palhaço recita um grito
desnecessário grito.

Reunido em esforço
novamente grita.

Palhaço não ri
apenas veste o riso
enfarinha o rosto.

Aplaude a risada
rindo e soluçando a dor
que circo nenhum afaga.

Habitação

Habito dentro dos meus dentes
outras vezes na asa de um passarinho
em sua penugem sedenta de voo.

Habito em meus pés
em meus ouvidos
nos meus olhos
esbarrando num amigo.

Rangem dentes
choram pés
o rosto também chama.

Haverei de engolir o mundo
anos a fio para um dia
morar num peito de mãe.

Cavilha de peito
pulso que expulsa
depois estremece.

Saio do meu rosto
habito agora na palma de alguma mão
tua mão que um dia quis pegar
beijar um devagar partir vago.

Pouso meu hálito
nessa mão larga
sossegada e vigilante
que toma conta de mim.

Muro

Furo um muro duro
corto o dedo
lanho o pé.

Esmurro!

Não desisto de furar
hei de criar um furo
por onde eu possa passar.

Fogo

Tenho medo de sepulturas
do fogo queimando outonos
calcinando almas puras.

Ali vejo meus ossos
vermelhos de medo
transformados em sal.

Girassol

Agonia amarela do entardecer
os girassóis de Van Gogh dormem.

Van Gogh geme sem orelha
com ouvido comovido.

Aonde vai um girassol
quando morre?

Só Van Gogh sabe a resposta!

Riso louco

Era parte de uma alegria
consumido pelo riso.

Seus dentes?
Uma arcada dentária
ungida pelas cáries.

Respirava arfadas curtas
de tanto rir inalava cada gota do riso.

O riso?

Acabou perdido na gruta escura
de uma garganta magoada
entre cartilagens
traqueia, glote e pregas vocais.

Mãos trêmulas e apressadas
abraçam – o louco escorrendo pelo cobertor.

Loucura tem cor xadrez!

Na cama de ferro – enferrujado
sonhos recolhem estilhaços
de um riso louco perdido.

Palavra acesa

Ontem palavra
hoje amor partido
sem sentido.

Não amar ou querer assim
como o mundo inteiro fosse
sonho dentro de mim.

Promessas de ontem
esquecidas manhãs
um dia depois do agora.

Nada mudar senão demora
que a gente não quer sarar.

Tudo é decerto soma do todo incerto
do querer que não nos quer
brasa acesa indo embora
indo embora.

Remédio amargo

Queres viver num hospício?
Prova uma taça de amor
tem alergia ao desengano.

Reduz a velocidade
renuncia à liberdade
vacina-te contra a dor.

Abandona a tentação
de uma linda mulher
não a queiras mais.

Se o coração reclamar
vai a uma farmácia
pede um faixa preta!

Vigia o colesterol
não andes em pés descalços
nem deixes a bactéria da dúvida
deitar em tua cama de casal.

Em tua noite falta sal?
Liga a televisão.

Se quiser viver, vive
um pouco de loucura – como eu!

Que roupa veste o verbo sofrer?

Vem tranquila fúria
abre-te em emoção
navegando no tédio
deste cotidiano alumbrado.

Pânico sem susto
em pensamento desvairado
sonho assombrado
de pesadelo em vigília.

Sobressalto calmo
como lúcido punhal
transpassada a carne
do amor que se entredevora.

Grita socorro como vagido de criança
de mãe que fere
e depois esquece.

Que fio de punhal é esse
que tranca o sangue entre as grades?
É memória ou delírio?

Que roupa veste o verbo sofrer?

Esse gesto inconcluso
equação mal calculada
como anjo em pânico.

No fundo fúria
é pedido de socorro
alguém em perigo
ser não-socorrido.

Esse grito que comove
um não-dormir tranquilamente
como livro fechando
impunemente lúcido.

Todos os medos dormiam

Tu dormias um sonho tranquilo
sorriso enfeitiçado
criança rindo dormindo
todos os medos.

Estavas em folia.

Puxei a coberta em teu peito
minha noite era feia
demorei um pouco
olhando tuas sobrancelhas
pretas e despenteadas.

Teu corpinho obrado
beijei com meu olhar
– não queria te acordar.

Depois, deixei o calor do quarto
agasalhado em teu dormir inocente
e saí para o frio da noite.

Maria fumaça

Nada é de graça
maria fumaça.

Amor vendido
em cama encardida.

Entra e sai
entra e sai.

Quem paga mais?
Quem paga mais?

Espelho

Alguém mora em meu olho
vive meu olho vermelho
um olhar que não morreu.

Meu olho no espelho
é olhar protegido
olhar que dá conselho
um olho que não é meu.

Amor perdido viceja
o que ainda não sou eu.

Indo embora cortejo
espelho que me doeu
e te vendo me vejo
espelho do espelho – eu.

Cheio de vida, morta ilusão.
Ah! Sabe quem só viveu
quando espelho é bom
ninguém esmoreceu.

Imagem oculta no espelho
refletida face prendida
cacos de espelho
alguém se perdeu.

Cumpro a missão comprida
espelho dentro da vida
morta ilusão vivida
sabe quem só quem se viu.

Agressão

Entra oxigênio
sopro criador.

A máquina escreve
a torneira pinga
oxigênio envelopa o pulmão
aflito como guarda de trânsito.

Um martelo bate
áspero ferindo ouvidos
que não suportam gritos.

Ouvido não tem pálpebra
que protege olho.

O sino bate!
Ordem de agressão
provocando e ameaçando
e o sino bate partido em dor.

Cadeado

Cadeados por todos os lados
um cadeado ri de mim.

Eu sei, ele quer
meu rim.

Cadeado preso à porta
estou livre enfim.

Respiração nada artificial

Quero só respirar
nada que aspire
meu suspiro último.

Não quero inspiração
preciso de ar
só respirar!

Pingo de espinho

A chuva bate no vidro da janela
é meia-noite
o mundo voa em pingos quadrados.

Gargalha um menino descalço
escorrendo em gotas pelo negro
vidro atrás do relâmpago.

A chuva borrifa o rosto
empapa cabelos
molha o lábio de angústia
uma caneca d'água enche.

O pingo?

Adormeceu no espinho da roseira
chorando ao pé da raiz.

Capitão Bebeto

Quero pedir um sonho
de cor azul
cor de pulmão.

Um coração
cor da lava de vulcão.

Roberto, meu filho. Aos quatro anos, fazendo poesia!

Forminhas de pão

Tinha seis anos. Subia uma estrada pedregosa da minha casa até a funilaria do Seu Germano. Levava um punhado de latas de azeite Primor para que fossem transformadas em forminhas de pão.

Seu Germano, o funileiro, tremia a mão, babava e falava balançando a cabeça. Um homem dócil, baixinho e sempre vestindo um terno puído e chapéu preto. Cortava, com uma tesoura que só os funileiros tinham, a face da lata de azeite. Minhas mãos tremiam de medo – imaginava meus dedos decepados.

Um dia, na minha escola, fui até a nossa pequena biblioteca e me deparei com um livro de poesia: *Funilaria no ar*, de Armindo Trevisan. Foi meu primeiro encontro com a poesia. Lembro um verso que guardei daquele livro:

Vamos irmão
a funilaria está marcada pela lata
que torce, enferrujada
de poesia também se amassa o pão
que empurra o caminho preparado no silêncio do dia
e se alguém me pergunta onde está o poema
respondo-lhe com cortesia: na responsabilidade.

Aqui estão 66 forminhas de poesia cheias de pão – pão dedicado a ti, Armindo.

Valmor Bordin

Sobre o autor

Valmor Bordin nasceu entre Bela Vista e Barão Hirsch, povoados de pequenos agricultores de origem italiana e judaica, pertencentes ao município de Jacutinga (RS).

Cursou medicina na UPF, onde fez residência em medicina interna. Hoje, é psiquiatra em Passo Fundo, formado pela Fundação Universitária Mario Martins, de Porto Alegre.

Venceu concursos de poesia e de contos e participou de diversas antologias, como *30 contos imperdíveis* e *Inventário das delicadezas*. Frequentou oficinas literárias de Charles Kiefer, Armindo Trevisan e Luiz Antonio de Assis Brasil.

Publicou, em 2009, *Voo rumo às asas – a arte e o vínculo como remédio* (finalista do Prêmio Açorianos na categoria *capa*). Em 2010, lançou, pela editora Dublinense, o livro de contos *O quase-nada*.

ROMANCE

Sanga Menor · *Cíntia Lacroix*
Enchentes · *Guido Kopittke*
Crime na Feira do Livro · *Tailor Diniz*
Moinhos de sangue · *Ana Cristina Klein*
Fetiche · *Carina Luft*
Sob o Céu de Agosto · *Gustavo Machado*
Helena de Uruguaiana · *Maria da Graça Rodrigues*
Aventuras de Tomé Pires · *Norma Ramos*

CONTO

Um guarda-sol na noite e outros contos · *Luiz Filipe Varella*
O Ideograma Impronunciável · *João-Kowacs Castro*
Mar quente · *Enio Roberto*
O girassol na ventania e outras histórias · *Marco De Curtis*
Outras mulheres · *Charles Kiefer (org.)*
Contos da mais-valia & outras taxas · *Paulo Tedesco*
O quase-nada · *Valmor Bordin*
Entre sombras · *Saul Melo*
Ponto final · *J. H. Bragatti*
No inferno é sempre assim e outras histórias longe do céu · *Daniela Langer*

POESIA

Cor de maravilha · *Maria Joaquina Carbunck Schissi*
Menino perplexo · *Israel Mendes*
Leia-me toda · *Claudia Schroeder*
Rabiscos no pensamento · *Helena Hofmeister Martins-Costa*
Poemas famintos · *Valmor Bordin*

Para consultar nosso catálogo completo e obter mais informações

sobre os títulos, acesse www.dublinense.com.br.

dublinense

Este livro foi composto em fonte Constantia e impresso

na gráfica Edelbra, em papel lux cream 70g, em abril de 2011.